Die Sprache der Träume

Uwe Böschemeyer

Die Sprache der Träume

Ellert & Richter Verlag

Impressum

Bildnachweis
C. Heumader/Wildlife, Hamburg: S. 33
Urs Kluyver, Hamburg: S. 12/13
Georg Quedens, Norddorf/Amrum: Titel
Andreas Riedmiller, Oberzollhaus: S. 8/9, 29, 53
Otto Stadler, Geisenhausen: S. 26/27
Heinz Teufel, Eckernförde: S. 23, 39
Usher/Wildlife, Hamburg: S. 16/17

Die Deutsche Bibliothek – CIP-Einheitsaufnahme

Böschemeyer, Uwe:
Die Sprache der Träume / Uwe Böschemeyer. – Hamburg : Ellert & Richter, 2002
ISBN 3-8319-0034-5

Gestaltung: Büro Brückner + Partner, Bremen
Satz: KCS GmbH, Buchholz/Hamburg
Lithographie: ORC, Offset-Repro im Centrum, Hamburg
Druck: Ara-Druck GmbH + Co KG, Stuttgart
Bindung: S. R. Büge, Celle

Inhalt

Vorwort

Heute nacht hatte ich einen Traum, der wahrscheinlich durch meine gegenwärtige Beschäftigung mit diesem kleinen Buch ausgelöst wurde:

Ich stehe an der Grenze zum Traum-Land. Weit, unermeßlich weit tut sich dieses Land auf. Ich sehe nichts Bestimmtes, sehe nur eine grenzenlose Fläche, über der ein warmes Zwielicht liegt. Ich habe ein klares Gefühl: So weit ist dieses Land, und so voll von dichtem Leben! Ich fühle mich von ihm angezogen. Ich ahne seinen Reichtum.

Das Gefühl, das der Traum in mir auslöste, begleitete mich durch den ganzen Tag.

Ich möchte Sie, lieber Leser, ein Stück weit in dieses Land hineinführen, möchte Sie jedoch nicht mit allzu vielen Einzelheiten belasten. Das Wesentliche aber, so wie es mir in langen Jahren der Beschäftigung mit Träumen begegnet ist, möchte ich Ihnen schon mitteilen. Vor allem liegt mir daran, Ihr Interesse für diese Welt zu wecken oder das schon vorhandene weiter anzuregen.

Wir leben in einer Zeit, in der wir von der Vielfalt der Dinge zu ein-seitig in die äußere Welt gezogen werden, und das tut keiner Seele gut. Um so wichtiger ist es, daß wir uns auch unserer inneren Welt zuwenden, denn in ihr liegen Perlen, die darauf warten, gefunden zu werden.

Träume sind nicht Schäume. Sie sind die Gesichter unserer Gefühle und Gefühls-Kräfte. Begegnen wir ihnen, dann begegnen wir dem Leben in unserer Tiefe. Dann erfahren wir, wonach wir uns vor allem sehnen: nach Sinn. Wo anders aber sollten wir Sinn suchen, wenn nicht in der eigenen Tiefe?

Wer sich auf seine Träume einläßt, wird im Lauf der Zeit die Erfahrung machen, daß nichts unverständlicher ist als die Angst vor der Begegnung mit sich selbst. Und er wird erfahren, daß das Herz Gründe zum Leben weiß, die der weit überschätzte Verstand auch bei bestem Bemühen sich nicht ausdenken kann.

Diese Schrift ist bereits unter dem gleichnamigen Titel in der „Kleinen Reihe zu Lebensfragen“ des SKV-Verlages erschienen. Der starke Zuspruch, den diese Ausgabe fand, ermutigt mich, sie noch einmal – in revidierter Form – zu veröffentlichen.

Uwe Böschemeyer

Was ist wirklich?

„Heute nacht habe ich geträumt", erzählt der chinesische Dichter und Philosoph Tschuang-Tse, „ich bin ein Schmetterling. Woher weiß ich jetzt, ob ich ein Mensch bin, der glaubt, ein Schmetterling zu sein, oder ob ich ein Schmetterling bin, der jetzt träumt, ein Mensch zu sein?"

Was ist *wirklich*?

Tagsüber sind wir aktiv. Wir nehmen unser Leben selbst in die Hand und gestalten es. Wir sind vernünftig und passen uns dem an, was nicht zu ändern ist. Wir versuchen zu ändern, was zu ändern ist. Wir bemühen uns, vor anderen nicht „negativ" aufzufallen, und oft genug verbergen wir uns vor uns selbst.

Wir haben Sehnsucht nach dem „richtigen" Leben, und manchmal spüren wir es auch. Dann wieder glauben wir uns nur hoch ins „richtige" Leben, doch unsere Erfahrungen widerlegen uns später, was wir geglaubt haben. Ist *diese* Form des Daseins unsere Wirklichkeit?

Wie anders erleben wir die Nacht! Wir fliegen durch die Lüfte und führen Gespräche im Himmel. Wir begegnen unserem Feind und bringen ihn kurzerhand um. Wir erfahren die Liebe von dem, der sie uns tagsüber verweigert. Wir sind nicht gebunden an Räume und Zeiten. Wir kennen im Traum keine Grenzen. Ist *das* die wahre Wirklichkeit?

Die Frage ist falsch gestellt, denn beide Wirklichkeiten gehören zusammen, die Wirklichkeit des Tages und die Wirklichkeit der Nacht. In *beiden* erfahren wir Leben, zwar von verschiedenen Standorten aus, doch sind *wir* es, am Tage und in der Nacht, die unser Leben erfahren. In keinem Teil der beiden Wirklichkeiten erfahren wir das Leben ganz, und deshalb gehören beide zusammen.

Die Geschichte der Traumdeutung

Seit mindestens 4000 Jahren beschäftigen sich Menschen mit der Frage nach der Bedeutung von Träumen. Viele alte Schriften bezeugen, wie wichtig man sie nahm und wie differenziert bereits ihre Traumdeutung war.

Nur einige Beispiele:

Bereits die alten *Ägypter* wußten, daß Träume nur verstanden werden können, wenn man den Charakter des Träumers und seine Lebensumstände berücksichtigt.

Im alten *Mesopotamien* war bekannt, daß Träume Ereignisse ankündigen, die der Träumer noch abwenden kann.

Im alten *Griechenland* beschrieb der Philosoph Plato die Träume als die seherische Kraft der Seele. In seinem berühmten Höhlengleichnis stellte er die innere Welt der schattenhaften Welt der Wirklichkeit gegenüber. Die Aufgabe und Möglichkeit des Traumes bestanden für Plato deshalb darin, den träumenden Menschen diese Welt sehen zu lassen.

Im alten *Rom* wußte man schon, daß Träume hilfreiche ärztliche Ratgeber sein können.

Der *Talmud* betrachtete Träume als Mittler zwischen den Menschen und Gott. Er verstand sie als Briefe Gottes, die Menschen zu ihrem eigenen Wohl lesen sollten.

Weiteres reichhaltiges Material finden wir z. B. in der *Bibel*, im *Koran* und in europäischen Schriften vom Mittelalter bis zur Neuzeit.

An der Schwelle zur neueren Zeit waren es z. B. *Shakespeare* und *Goethe*, die in der Welt der Träume eine Kostbarkeit sahen. Vor allem die *Romantiker* erkannten die hervorragende Bedeutung der Träume und bereiteten der psychologischen Traumforschung den Boden. Von Novalis stammen die besonders für unsere Zeit so wichtigen Sätze: „Wir träumen von Reisen ins Weltall. Ist denn das Weltall nicht in uns? Die Tiefen unseres Geistes kennen wir nicht. Nach innen geht der geheimnisvolle Weg. In uns oder nirgends ist die Ewigkeit mit ihren Welten, die Vergangenheit und die Zukunft."

Mit seinem im Jahre 1900 erschienenen Werk „Traumdeutung" schlug dann der Begründer der Psychoanalyse, Sigmund Freud, ein neues Kapitel in der Erforschung der Träume und damit zum Verständnis des Menschen überhaupt auf. Andere Forscher aus dem Bereich der Psychologie, allen voran C. G. Jung, erschlossen andere Wege zur Traumwelt. Allen gemeinsam jedoch war die außerordentliche Wertschätzung der Träume, die, wie Freud es ausdrückte, der „königliche Weg" zum Unbewußten sind.

Inzwischen hat sich auch die moderne Naturwissenschaft der Traumforschung angenommen. Es würde allerdings den Rahmen dieses Abschnittes sprengen, wollte ich die neueren medizinischen, biologischen und chemischen Erkenntnisse auch nur andeuten. Kaum übersehbar ist inzwischen die Literatur über die faszinierende innere Welt, kaum überschätzbar vor allem sind die Mitteilungen, die uns die Träume Nacht für Nacht zuteil werden lassen.

Jeder Mensch träumt

Erich Fromm hat gesagt, er halte die Symbolsprache – das ist die Sprache der Märchen, Mythen, Imaginationen und Träume – für die einzige Fremdsprache, die jeder Mensch lernen sollte. Sie ist für uns eine fremde Sprache, obwohl sie in jedem von uns spricht. Die meisten verstehen sie nur nicht oder doch nur ungenügend.

Die Symbolsprache meldet sich in jedem Menschen zu Wort, auch in dem, der sagt, er habe seit Jahren nicht mehr geträumt. Wir träumen nämlich jede Nacht vier- bis sechsmal in einer Dauer von etwa eineinhalb Stunden.

Die Symbolsprache ist eine Universalsprache, denn sie verbindet durch ihre Bilder Menschen aller Kulturen und Zeiten. In Tausenden von Jahren ist sie gewachsen, und sie wächst und verändert sich weiter durch die Zeiten hindurch.

Symbole sind Sinn-Bilder, die in komplexer Weise innere Wirklichkeiten zusammenfassen. Daher ist es unsinnig, sie nur vernunftmäßig erfassen zu wollen. Weil sie komplex sind und verschiedene Bedeutungen in sich vereinen, passen sie nicht in ein rational-logisches Konzept.

Was sind Träume?

Träume sind Erscheinungen des Unbewußten, die dem Bewußtsein zugänglich werden können. Nähern wir uns den Traumbildern, dann nähern wir uns unserer unbewußten, inneren Welt, seelischen Energien und Kräften, die stärker sind als die des Bewußtseins.

Jede menschliche Seele hat die Tendenz, das, was in ihr vorgeht, in Bilder zu übersetzen, so daß aus inneren Gedanken, Ahnungen und Gefühlen bildhafte Gestalten und Geschichten werden. Daher sind die inneren Bilder die Brücke zwischen der unbewußten und der bewußten Welt. Das bedeutet, daß die viel ersehnte Ganzheit des Menschen Wirklichkeit zu werden beginnt, wenn er diese Bilder zu verstehen und sich mit ihnen auseinanderzusetzen beginnt. Die Bilder, die wir in Träumen sehen, lassen sich in zwei Gruppen einordnen.

Zwei Gruppen von Traumbildern

1. Die erste Gruppe beinhaltet *Erinnerungen an das gelebte Leben,* die „negativen“ ebenso wie die „positiven“. Manche dieser Bilder sind *reale Erinnerungen,* andere wiederum spiegeln in *Symbolen* Aspekte vergangenen Lebens wider, die ins „persönliche Unbewußte“ (C. G. Jung) hinabgesunken sind.

2. Zur zweiten Gruppe gehört eine Fülle *überpersönlicher* Bilder, die „Urbilder“ der Seele, die zum Allgemeingut der Menschheit gehören. Diese dem „kollektiv Unbewußten“ angehörenden „archetypischen“ Bilder (C. G. Jung) sind ebenso „negativer“ wie „positiver“ Art. Dazu gehören z. B. feuerspeiende Drachen, Kraken und Spinnen einerseits und das tragende Meer, die Sonne, der oder die „alte Weise“ andererseits.

- Sie erinnern an vergangenes, sinnvolles Leben.
- Sie erinnern an vergangenes, aber unerledigtes Leben, an nicht überwundene Verletzungen ebenso wie an ungelebte Möglichkeiten.
- Sie erhellen nicht nur Vergangenes, sondern werfen auch Lichter auf Kommendes.
- Sie zeigen die inneren Widerstände, die die Entwicklung eines sinnvollen Lebens stören.
- Sie zeigen die Möglichkeiten des Geistes, die noch nicht bewußt geworden sind, z. B. der Freiheit, der Liebe, der Hoffnung, der Kreativität, der Religiosität.
- Sie vermitteln nicht nur persönliche, sondern auch allgemein-menschlich wichtige Einsichten und Erfahrungen der Menschheit, an denen jeder einzelne in der Tiefe seiner Seele Anteil hat.
- Sie sind nicht nur die Brücke zwischen dem Bewußten und dem Unbewußten, sondern auch zwischen der Immanenz und der Transzendenz, d. h.: Manchmal sind Träume auch „somnia a deo missa" (C. G. Jung), von Gott gesandte Träume.
- Sie ergänzen unser bewußtes Bild der Wirklichkeit um die weite und reiche Welt der unbewußten Wirklichkeit.
- Sie sind eine Schatzgrube für Suchende.
  Dazu ein Beispiel:
  Niels Bohr, der dänische Physiker und Nobelpreisträger (1922), sah im Traum die Sonne, um die sich an dünnen

Bändern die Planeten drehten. Die Sonne war umgeben von brennendem Gas, das sich plötzlich verfestigte.
Als er erwachte, wußte er, wonach er schon lange gesucht hatte. Die Struktur des Atoms war ihm auf-gegangen. In der Sonne hatte er den Atomkern, in den Planeten die Elektronen erkannt. Träumend hatte er die Grundlagen der modernen Atomforschung gefunden.

- Traumbilder sind sichtbare Zeichen der unsichtbaren Welt, durch die sich das innere Leben ausspricht und *Botschaften* der Seele mitteilt.
- Traumbilder sind energetische *Kraftfelder*, bildhafter Ausdruck der inneren Kräfte, der bedrohlichen ebenso wie der beglückenden, der sinnverweigernden ebenso wie der sinnvollen.

Diese Kraftfelder haben für die Lebensqualität eine eminent wichtige Bedeutung. Bleibt ein *negatives* Kraftfeld, etwa die Aggressivität, auf Dauer außerhalb der Reichweite des Bewußtseins, so kann es mit dem Menschen machen, was es will – bis hinein ins Körperliche. Liegt ein *positives* Kraftfeld auf Dauer brach, z. B. die Liebesfähigkeit, dann verhindert das nicht nur die Selbstwerdung, es kann sogar sein, daß sie ins Gegenteil pervertiert.

Das bedeutet: Nur die inneren Bildkräfte werden zugunsten eines Menschen wirksam, mit denen er sich hinreichend vertraut gemacht und auseinandergesetzt hat. „Es ist ein Urgesetz menschlichen Lebens, daß nur das, was angeschaut, also vergegenständlicht wird, auch verändert werden kann.“ (Juchli)

Das bedeutet:

- Ein Mensch, der seine Träume versteht, versteht mehr von sich selbst.
- Die Träume zeigen ihm, was ihn daran hindert, zu sich

selbst und einem gelingenden Leben zu kommen, sie zeigen ihm auch Wege zur Überwindung seiner Probleme.

- Sie fordern ihn dazu heraus, aus seinen in Träumen gewonnenen Erkenntnissen konkrete Schlußfolgerungen zu ziehen.

Träume sind keine Schäume. Sie sind Perlen unserer unbewußten Welt, die darauf warten, vom Menschen gefunden zu werden. Ein einfaches Beispiel:

Ein Vater, der sich nach der Trennung von seiner Familie um die Entwicklung seiner Kinder, vor allem um die seiner Tochter, ängstigt, sieht im Traum einen langen, scheinbar sumpfigen Graben. Er „sieht", und fühlt sich dabei wie gelähmt, in dem Graben ihren vorläufigen Lebensweg vorgezeichnet. Er befürchtet, sie werde darin keinen Halt finden. Bei näherer Untersuchung jedoch stellt sich heraus, daß der gesamte Graben-Weg nur oberflächlich sumpfig ist. Unmittelbar unter der Oberfläche nämlich befindet sich ein Steinweg. Der Träumer fühlt sich tief erleichtert. Er gewinnt die Gewißheit, daß sein Kind auf dem Weg durch den „Graben" der nächsten Jahre Halt finden wird.

Dieser Traum wurde für den Vater in der Zeit, in der die Tochter aufgrund der Trennung litt und manches Problem zu bewältigen hatte, selbst ein Halt. Die Folgegeschichte bestätigte eindrucksvoll, daß er mit Recht seinem Traum vertraut hatte.

Welchen Bildern auch immer der Träumer begegnet, wenige haben den Bedeutungsgehalt, den sie aus „realistischer“ Sicht haben, und wenige sind von vornherein in ihrem Bedeutungsgehalt eindeutig. Generell gilt:

- Je mehr die Einstellung des Bewußtseins von der des Unbewußten abweicht, desto „unrealistischer“ sind die Traumbilder.
- Weicht die bewußte Einstellung nicht sonderlich von der des Unbewußten ab, begnügen sich die Träume mit einfühlbaren Varianten zur Realität.
- Sieht sich jemand so, wie er in Wirklichkeit ist (das kommt bekanntlich nicht so häufig vor), dann bestätigt ihn der Traum in seiner realistischen Sicht und behält trotzdem die ihm eigentümliche Eigenständigkeit.

Die Sprache der Träume ist eben eine Symbolsprache, und Symbole haben nicht nur mehrere Inhalte, sie verweisen auch auf „hinter“ ihnen liegende Wirklichkeiten. Deshalb *erschließen* sie sich nur dem, der sie auf sich *wirken* läßt und sich mit ihnen *auseinanderzusetzen* beginnt.

Deshalb halte ich es für wenig hilfreich, manchmal sogar für gefährlich, aufgrund von allgemeinen Traumdeutungsbüchern die Bilder verstehen zu wollen, und das aus mehreren Gründen:

Es könnte sein, daß sich der Träumer aus mehreren Deutungsangeboten die ihm willkommene heraussuchte. Es könnte weiterhin sein, daß durch den lexikalischen Umgang mit den Träumen die persönliche Beziehung zu ihnen verlorenginge. Schließlich: Ein Vergleich mehrerer Symbollexika zeigt erhebliche Unterschiede in der Interpretation von Symbolen. Der Grund dafür liegt primär in den unterschiedlichen Menschenbildern, von denen aus die Deutungen erfolgen. Doch selbst dann, wenn man Einsicht in ein oder mehrere Symbole hätte, bedeutete das nicht in jedem Fall, daß dadurch der Traum in seinem Gesamtzusammenhang bereits klar wäre. (Nicht verzweifeln, lieber Leser! Wir kommen bald zu konkreten Hilfen.)

Zunächst einige bekannte beispielhafte Szenen, die die Mehrdeutbarkeit der Träume veranschaulichen:

So könnte z. B. ein mich verfolgender Panther mich auf meine Aggressionen aufmerksam machen, die ich nicht wahrhaben will. Es könnte allerdings auch sein, daß er mich dazu herausfordern möchte, endlich meine nur ungenügend ausgelebte Lebenskraft in Gebrauch zu nehmen.

Oder: Viele Menschen träumen von Einbrechern. Ein solcher Traum ist zwar höchst unangenehm, doch könnte auch er eine Herausforderung bedeuten, vielleicht die, daß Kräfte in das Lebenshaus des Träumers einbrechen wollen, die dieser schon lange nicht zugelassen hat. Es könnte allerdings auch sein, daß fremde Kräfte in sein Haus eindringen, die dort nicht hingehören und denen gegenüber er sich zur Wehr setzen müßte.

Oder: Schlangen haben in Träumen keineswegs immer, wie oft vermutet, eine sexuelle oder aggressive Bedeutung. Sie können auch ein Symbol für einen Erkenntnis-, Reifungs- oder Gesundungsprozeß sein.

Oder: Es gibt viele Wasser-Träume, deren Bedeutung auch sehr unterschiedlich sein kann. Das Wasser kann z. B. ein Symbol für die Erneuerungskraft eines Menschen sein (Fontäne, Quelle, Jungbrunnen), das stürmische dunkelgraue Meer dagegen kann Zerstörung und Tod symbolisieren.

Woher kommen die Träume?

Träume sind Ur-Phänomene, sind Erscheinungsformen des Lebens, die ebensowenig erklärt werden können wie alle geistigen Phänomene, z. B. die Liebe, die Freiheit, die Hoffnung. Sie sind *Gegebenheiten des Lebens,* die sich den Erklärungswünschen der Menschen letztlich entziehen. So wird jedenfalls der argumentieren, der den Menschen nicht eindimensional, z. B. nur biologisch oder psychologisch, sondern dreidimensional, als Einheit von Leib, Seele und *Geist,* versteht.

Doch wie wir die lebendige Wirklichkeit der Liebe, der Freiheit oder der Hoffnung *erfahren* können, so auch die der Träume. Wenn wir es allerdings nicht lassen können, diese Juwelen des Geistes und der Seele zu „hinterfragen", dann gleichen wir jenem Musiker, der sich in die Frage verbohrt, warum Musik so tief berührend wirkt. Dann kann es sein, daß sich uns diese Kostbarkeiten ganz und gar entziehen.

Wer wissen will, woher die Träume kommen, der stelle sich ans Meer. Und wenn er dann die wenigen Wellen sieht, die sein Blick vom *großen* Meer erhaschen kann, wird er aufhören, nach der Heimat der Träume zu fragen.

Keine Träume?

Ich höre Menschen sagen, sie hätten keine Träume. Diese Aussage ist immer falsch, da jeder, ob er sich an sie erinnert oder nicht, nachts träumt. Wenn sich jemand nicht an seine Träume erinnert, gibt es dafür vier mögliche Gründe:

1. Er hat kein oder kaum Interesse an seinem unbewußten Leben.

2. Er hat sich nicht ausreichend *bewußt* mit seinen Problemen auseinandergesetzt und wartet nun (vergeblich) darauf, daß ihm das Unbewußte die notwendige Arbeit abnimmt.

3. Seltsam genug: Die Träume können in einen anderen Menschen „auswandern“, weil die Abwehr gegen den Inhalt offenbar zu groß ist. So erzählt C. G. Jung von einem Vater, dessen kleiner Sohn jene sexuellen Träume hatte, die dieser aufgrund seines Alters und Erlebens „eigentlich“ gar nicht hätte haben können. Es handelte sich dabei um Träume, die sich nahtlos dem Problemkreis des Vaters zuordnen ließen.

4. Es kann auch sein, daß sich Menschen über längere Zeit selten an Träume erinnern, weil das persönliche Leben rundum gut verläuft und sich die Traumwelt deshalb kaum an der Ergänzung des Bewußtseins zu beteiligen braucht.

Die wichtigste Voraussetzung dafür, mit Träumen so umzugehen, daß sie eine Hilfe fürs Leben werden, besteht darin, ihnen die *Bedeutung* zukommen zu lassen, die ihnen zusteht. Das Gefühl dafür stellt sich allerdings nur dann ein, wenn man mit ihnen vertraut wird. Die folgenden erprobten Hilfen können im Lauf der Zeit dazu beitragen, die Vertrautheit zu fördern.

Äußere Hilfen für den Umgang mit Träumen

Es gibt äußere Faktoren und Hilfen, die wichtig sind, um sich an Träume erinnern zu können. Denn die Brücke, die herüberführt vom Land der Träume ins Land unserer Geschäftigkeit, ist schmal und sehr zerbrechlich.

1. Wer still in die Nacht geht, ausreichend schläft und sich am Morgen Zeit beim Aufwachen läßt, wer auf Alkohol, Schlafmittel und Ähnliches verzichten kann, wird sich am ehesten an seine Träume erinnern.

2. Wer sich am Morgen an die Bilder und Geschichten der Nacht erinnern möchte, kann sich (wie im autogenen Training) kurz vor dem Einschlafen mehrfach den Satz sagen: „Ich behalte meine Träume ... Ich behalte meine Träume ...“

3. Da Träume zart sind wie Seifenblasen, liegt der Gedanke nahe, sie so rasch wie möglich nach dem Erwachen aufzuschreiben. Und sollte man einmal einen offenbar wichtigen Traum vergessen haben, kann man gelassen bleiben. Denn wirklich wichtige Träume kehren in großer Treue wieder, bis wir sie zur Kenntnis genommen (und „bearbeitet“) haben.

4. Wer seinen Traum gleich am Morgen einem vertrauten Menschen erzählt, wird die Erfahrung machen, daß er noch einmal ganz nah an das Erlebte herange-

führt wird. Es kann sein, daß er sich an die eine oder andere Szene anders erinnert, als er sie geträumt hat, doch verfälscht er damit nicht gleich den Trauminhalt. Denn sicher ist es kein Zufall, wenn seine Seele ihm eine veränderte Darstellung des Traumes nahelegt. Vielleicht erfährt der Erzähler auch die Gunst, daß sein Zuhörer ihm eine kluge Frage stellt, die ihn der Bedeutung des Traumes näherbringt.

5. Als bereichernd hat sich die Einrichtung eines Traumbuches erwiesen. Nein, man muß nicht jeden Traum aufschreiben. Denn wenn das Schreiben zur Strapaze wird, verschließt sich der Geist den fremden, feinsinnigen Gebilden der Nacht. Wer längere Zeit seine Träume aufgeschrieben hat, wird z. B. erkennen, daß bestimmte Menschen oder Häuser, bestimmte Ereignisse oder Situationen, bestimmte Gefühle oder Stimmungen sich wiederholen. Und vielleicht ergeben sich aus diesen Beobachtungen Ein-Sichten, die sein Leben ändern könnten.

6. Man muß nicht begabt sein, um ein Traumbild malen zu können. Wer ein ihm wichtig erscheinendes Bild malt, findet vielleicht einen vertieften Zugang zu dem, was er Stunden zuvor gesehen hat. Es kann sogar sein, daß er auf diese Weise unmittelbar erfährt, was der Traum ihm sagen wollte.

Bevor wir nun zu den inhaltlichen Hilfen übergehen, will ich noch kurz ein Problem ansprechen, das viele Träumer immer wieder bedrängt. Viele ängstigen sich, wenn sie vom Tod träumen, von dem Tod eines nahestehenden Menschen oder auch vom eigenen. Dazu stellt E. Aeppli, ein Schüler C. G. Jungs, in befreiender Eindeutigkeit fest: „Aus Erfahrung von Tausenden und Abertausenden kleiner und großer Träume gewinnt man die Gewißheit, daß Träume vom Tode nie den leiblichen Tod verkünden, daß sie also nicht dunkle Voraussagen sind. Träume, in denen vom Tode gesprochen wird, in welchen in oft seltsamen Bildern ein Sterben sich vollzieht, in denen wir selbst sterben müssen oder gar am eigenen Begräbnis teilnehmen, besagen nichts anderes, als daß seelisch etwas tot ist, daß die Beziehung zu den Menschen, die wir als gestorben träumen, zur Zeit des Lebens entbehrt“ (Erlenbach-Zürich, 1973, 5. Auflage, S. 351).

Hilfreiche Fragen an die Träume

Nein, die Erschließung von Träumen ist keineswegs nur mit Hilfe von Fachleuten möglich. Es trifft zwar zu, daß die eigene Arbeit an Träumen rascher an Grenzen stößt als dann, wenn man sie mit einem geschulten Menschen bearbeitet. Doch ist es schließlich der Träumer selbst, der seinem Traum am nächsten ist.

Wichtig ist allerdings schon, konkrete Hilfen zur Einführung in die Traumarbeit zu erfahren. Und dazu können fachliche Einführungen, z. B. in Seminaren, hilfreich sein. Vielleicht sind die folgenden Seiten für Sie ein Anreiz, sich um solche Veranstaltungen zu bemühen.

Klaus Thomas hat in seinem Buch „Träume – selbst verstehen" (Stuttgart 1972) in sieben Frageblöcken hervorragende Anregungen zur Beschäftigung mit eigenen Träumen gegeben. Ich werde eine Reihe dieser Anregungen aufnehmen, manche abwandeln und einige ergänzen. Es könnte von Nutzen sein, wenn Sie hin und wieder einen Ihnen wichtig erscheinenden Traum mit Hilfe dieser Fragen durcharbeiten. Es ist weder möglich noch notwendig, auf jede dieser Fragen einzugehen. Doch wird jede innere Berührung mit ihnen Sie ein Stück näher an die Träume heranführen.

1. Fragen zur Anregung von Einfällen

- Was fällt mir zu dem Traum ein?
  Diese Frage kann an jedes Wort und jede Szene des

Traumes gerichtet werden.

- Wovon handelt er?
- Wie kam es zu dieser oder jener Entwicklung?
- Welcher Eindruck ist mir jetzt noch besonders gegenwärtig?
- Welche Überschrift würde ich dem Traum geben? Könnte ich mir auch eine andere vorstellen? Vielleicht noch eine dritte? Sagen die verschiedenen Überschriften das gleiche oder jeweils ganz Unterschiedliches aus? Welche kommt mir am nächsten?
- Wenn der Traum oder die geträumte Szene unvollständig zu sein scheint – wie würde ich ihn oder sie weiterphantasieren? (Das Wort Phantasie ist nur dem Kopf suspekt, der inneren Welt nicht.)

2. Fragen nach den Ebenen, Orten und Inhalten

- Welche der Dimensionen spiegelt der Traum wider: Körper, Seele, Geist?
- Welche natürlichen und körperlichen Ursachen (z. B. Körperreize) nimmt der Traum auf, und wie verarbeitet er sie?
- Welche Gedanken oder Erlebnisse des Tages spiegelt er wider?
- An welchem Ort handelt er? Kommt mir der Raum oder die Landschaft bekannt vor?
- Welche Erinnerungen an die Kindheit nimmt der

Traum auf? Decken sie sich mit der bewußten Erinnerung?

- Welche Erinnerungen an spätere Zeiten werden geweckt?
- Handelt der Traum nur von persönlichen oder auch von überpersönlichen Dingen?
- Welche Inhalte spiegelt er wider?

3. Fragen nach den Gefühlen

- Welches Grundgefühl hatte ich im Traum?
- Welches Gefühl hat mich am meisten belastet, welches am meisten beglückt?
- Wovor hatte ich die größte Angst, was hat mich am meisten ermutigt?
- Hatte ich ganz unterschiedliche Gefühle? Welches kommt mir jetzt am nächsten? Kommt mir dazu ein Bild?

4. Fragen nach den Personen

- Welche Personen kamen im Traum vor?
- Welche kannte ich, welche nicht?
- Wie sahen sie aus? Männlich – weiblich, jung – alt, groß – klein, dick – dünn, hell – dunkel, die Kleidung?
- Was fiel mir bei den einzelnen Personen auf?
- Was ging von ihnen aus?

- War ich auch dabei?
- Kann es sein, daß die eine oder andere Person oder vielleicht sogar mehrere mich widerspiegelten? In welcher Rolle spiegelten sie mich besonders wider?
- Was hat mich an der einen oder anderen Person am meisten überrascht?

5. Fragen nach dem Träumer

- Was habe ich in derselben Nacht noch geträumt?
- Was habe ich zum selben Thema schon früher geträumt?
- Ist der Traum eine Wiederholung? (Wiederholungsträume weisen darauf hin, daß ein Problem wichtig und noch nicht bearbeitet ist.)
- Seit wann wiederholt er sich?
- In welchen Lebenssituationen hatte ich solche Träume?
- Bin ich gegenwärtig wieder in einer solchen Situation?
- Welche Orte, Personen, Bilder oder Sätze halten mir die Träume immer wieder hin?
- Fallen mir noch andere Träume zu diesem Thema ein? Gibt es einen Zusammenhang zwischen jenen und diesem?

6. Fragen nach der Beziehung zur Realität

- Habe ich das, was ich im Traum erlebt habe, in ähnlicher Weise schon in der Realität erlebt?
- Zu welcher Zeit handelten die Träume und wann die der Erinnerung?
- An welchem Ort handelten die Ereignisse des Traumes und an welchem die der Erinnerung?
- Sind die Ereignisse des Traumes und die der Realität gänzlich unvereinbar?
- Gibt es Brücken des Verstehens zwischen der einen und der anderen Welt?
- Weist mich der Traum auf etwas hin, was ich schon geahnt habe? Und: Will ich wissen, *was* ich ahne?
- Was will der Traum „richtigstellen“?
- Was will er mir sagen?

7. Der Traum als Herausforderung

- Will ich mir überhaupt von meinem Traum etwas sagen lassen?
- Welche Veränderungen erwartet er von mir?
- Bezieht sich die Veränderung auf bestimmte Verhaltensweisen/Handlungen/auf meinen Charakter?
- Wozu fordert er mich heraus?
- Wozu ermutigt er mich?
- Welche Verantwortung mutet er mir zu?

- Welche Freiheit eröffnet er mir?
- Welche Möglichkeiten für mein kommendes Leben bietet er mir an?
- Erleichtert er mir eine Entscheidung?
- Zeigt er mir, worauf ich bei der Entscheidungsfindung zu achten habe?
- Welche konkreten Schlußfolgerungen ergeben sich aus dem Traum?

1. Deutung auf der *Objektstufe*
Als eine Grundregel für die Traumdeutung kann gelten, daß der Träumer seine Träume zunächst auf der Objektstufe zu deuten versuchen sollte. Er sollte fragen, was der Traum ihm über reale Menschen und Situationen, über seinen Beruf und seine sonstigen Beschäftigungen, über das, womit und wovon er lebt, sagt. Ein einfaches Beispiel:

Ein Mann träumt von einem Geschäftskollegen, dieser habe ihn zum Mittagessen eingeladen und ihm ein Steak aus verdorbenem Fleisch angeboten. Der Träumer ahnt, daß ihn der Traum davor warnen will, mit dem Mann ein Geschäft abzuschließen. „Unvernünftigerweise“ verläßt er sich auf die Warnung seiner Seele – zu seinen eigenen Gunsten. In der Folgezeit nämlich stellt sich der Geschäftsmann tatsächlich als Betrüger heraus.

2. Deutung auf der *Subjektstufe*
Nach dem Betrachten von Träumen auf der Objektstufe ist es wichtig, sie auf der Subjektstufe zu studieren. Auf dieser Stufe werden alle Menschen, Tiere, Pflanzen und Dinge als Elemente der *eigenen* Person betrachtet. Was der Träumer sieht, sind Spiegelungen seiner Seele. Zwei Beispiele:

Ein Mensch befindet sich in einer höchst bedrohlichen Situation – gesundheitlich, sozial oder familiär. Dann zeigen die Träume z. B. ein graues, stürmisches Meer – einen Abgrund, der sich plötzlich vor ihm auftut – oder ein brüchig gewordenes Haus.

Oder:

Ein Mann träumt von einem Bekannten, der auf einer Reise immer wieder den Anschluß an seine Reisegruppe verpaßt. Er redet unklar, verhält sich unklar, langweilt sich und andere und weiß nicht, was er will. Am Beginn unseres Gesprächs über den Traum legt der Träumer auf die Feststellung wert, jener Mann sei weder sein Freund noch habe er mit ihm in irgendeiner Weise zu tun. Deshalb verstehe er nicht, was dieser Mensch in seinem Traum zu suchen habe. Im Verlauf des Gesprächs geht ihm jedoch auf, daß die beschriebenen Verhaltensweisen auf ihn selbst zutreffen – und fühlt sich durch diese für ihn erschreckende Erkenntnis zu einem anderen Verhalten herausgefordert.

Man würde allerdings vielen Träumen nicht gerecht, wollte man sie entweder auf der einen oder auf der anderen Stufe deuten. Um Trennungen solcher Art ist der Verstand bemüht, der immer wieder nach Schlüsseln sucht für Räume, die sich ihm doch nie ganz erschließen.

3. Die *Hauptsache* in der Traumdeutung

Die wichtigste Frage der Traumdeutung richtet sich darauf, *welche bewußte Einstellung zum Leben kompensiert, also ausgeglichen werden soll.* Der Traum gleicht das aus, was das Bewußtsein bislang nicht erkannt und wahr-genommen hat. Je einseitiger sich ein Mensch sieht, desto einseitiger zeichnet der Traum ein entgegengesetztes Bild und ergänzt den Blick des Bewußtseins um das, was ihm bislang verborgen war.

Zwei Beispiele:

Wenn jemand z. B. behauptet, nur die anderen seien aggressiv, er selbst sei dagegen die verkörperte Friedfertigkeit, dann kann es sein, daß der Traum ihn zu einem wütenden Wüstling werden läßt. Das bedeutet freilich nicht, daß er tatsächlich ein solcher Mensch ist. Der Traum übertreibt, um den Träumer darauf aufmerksam zu machen, daß er bisher viel zu harmlos von seinen Aggressionen gedacht hat.

Andererseits kommt es vor, daß jemand, der viel zu gering von sich denkt, sich im Traum als die verkörperte Liebenswürdigkeit erlebt. So allerdings ist der Träumer in Wirklichkeit auch nicht. Auch dieser Traum übertreibt, um den Träumer darauf aufmerksam zu machen, daß er sich viel zu negativ einschätzt.

Jede klare Antwort auf die Frage, was der Traum ausgleichen will, ist für die Lebensführung, Haltung und Einstellung zum Leben von unschätzbarem Wert. Denn nichts befreit Menschen mehr als die gefühlte Erkenntnis und Anerkennung seiner eigenen persönlichen Wahrheiten.

Träume sind Wahrheitsfinder, doch keine Moralisten. Nicht darum geht es ihnen, einen Menschen zu verklagen, sondern ihn „ganz" werden zu lassen. Ist er mehr als bisher „ganz" geworden, dann ist er weniger gespalten. Ist er weniger gespalten, dann ist er mehr bei sich selbst. Ist er mehr bei sich selbst, hat er mehr Stehvermögen. Hat er mehr Stehvermögen, dann nimmt er sich selbst mehr an. Nimmt er sich selbst mehr an, dann nimmt er auch andere mehr an. Dann ist er – mehr als bisher – ein „ganzer“ Mensch.

Und noch etwas ist in diesem Zusammenhang wichtig: Da jede Verdrängung von Wahrheiten – das gilt übrigens *auch* für die „positiven“ – Energie verbraucht, bedeutet jede Auflösung von Verdrängungen Schonung und Befreiung der inneren Kräfte.

Wieviel mehr Kraft also stände uns zur Verfügung, wenn wir mehr als bisher auf unsere Träume hörten!

1. Die Sprache der Träume ist eine Symbolsprache. Sie ist in Jahrtausenden gewachsen. Sie ist die einzige Universalsprache. Sie verbindet Menschen aller Kulturen und Zeiten.
2. Die Symbole sind Bilder der Seele, die persönliche und allgemein-menschliche Erfahrungen, Einsichten, Weisheiten und Visionen widerspiegeln.
3. Jede menschliche Seele hat die Tendenz, das, was in ihr vorgeht, in anschauliche Bilder zu übersetzen. So werden aus Gedanken und Gefühlen Gestalten und Geschichten.
4. Träume wirken vielfältig auf den Träumenden ein: Sie erinnern ihn an Unerledigtes, z. B. an alte Verletzungen, die noch immer auf Heilung warten, ebenso wie an noch immer ungelebte Möglichkeiten. Sie erhellen die Gegenwart mit ihrer Problematik und zeigen Lösungsmöglichkeiten. Sie werfen auch Lichter auf die Zukunft, indem sie z. B. vor möglichen Krankheiten warnen, die sich entwickeln könnten (aber nicht zwangsläufig müssen), oder auf künftig beglückende Wege.
5. Die Hauptfrage der Traumdeutung bezieht sich darauf, was der Traum kompensieren und korrigieren, welche bewußte Sicht der Dinge er ausgleichen und ergänzen möchte. Deshalb bedarf fast jede Traumdeutung der Einbeziehung der gegenwärtigen Situation und der Lebensgeschichte.

6. Häufig erschließen erst viele Träume zu einem bestimmten Thema (Traumserie) die Tiefe von Traumaussagen.
7. Symbolbücher ersetzen nicht die persönliche Auseinandersetzung mit den einzelnen Bildern des Traumes, denn jeder Mensch hat sein ureigenes Verhältnis zu den ihm erscheinenden Symbolen.
8. Wir können Träume mit Gewinn lesen, wenn wir sie wie Märchen lesen. Sie erschließen sich uns jedoch weitaus mehr, wenn wir uns von erfahrenen Menschen in die Traumdeutung einführen lassen.
9. Träume sind ein hervorragendes Mittel zur Erweiterung der Persönlichkeit. Sie sind die erfahrensten Begleiter auf dem Weg zur Reifung.
10. Ein Traum kommt zur Erfüllung, wenn er gedeutet und konkret ins Leben übersetzt wird.

Vielleicht werden Sie, lieber Leser, sagen, „das alles“, die hier beschriebene Arbeit an den Träumen nämlich, sei Ihnen viel zu kompliziert und koste zu viel Zeit. Dann darf ich Sie an Erich Fromms Satz erinnern, die Symbolsprache sei die einzige Sprache, die man wirklich kennen sollte – um seiner selbst willen. Und wenn Sie nicht den Anspruch stellen, innerhalb kurzer Zeit ein Kenner dieser wundersamen Welt zu sein, werden Sie erleben, daß Ihnen die Träume entgegenkommen. Je vertrauter Sie mit ihnen werden, desto leichter erschließen sie sich Ihnen.

Sie könnten Ihre Träume auch einfach wie Märchen lesen. Märchen mit ihren Weisheiten bewirken allerdings nur dann etwas, wenn wir sie wie die Kinder lesen: neugierig, ohne Vorurteile und mit einem Herzen, das sich Neuem nicht verschließt.

Gibt es überhaupt eine „richtige“ Traumdeutung?

C. G. Jung, der wohl erfahrenste Traumdeuter des 20. Jahrhunderts, hat diese Frage verneint. Es gibt gute Erfahrungen, und einige wichtige habe ich Ihnen beschrieben. Doch ist das Land, aus dem die Träume kommen, zu weit und zu tief, als daß wir es je ausloten könnten. Und das wird auch so bleiben.

Die Hauptsache bei der Traumdeutung ist, das konkrete Leben so aufmerksam wie möglich zu studieren, es mit den Bildern des Unbewußten zu vergleichen und daraus konkrete Konsequenzen zu ziehen.

Gedanken nehmen Einfluß auf unsere Gefühle, unsere Entscheidungen und unser Handeln. Uwe Böschemeyer zeigt Hilfen auf, die uns befähigen, so gut wie möglich mit unseren Gedanken umzugehen und negative in positive Gedanken zu verwandeln.

€ 7,50 [D]/sFr 13,90/€ 7,80 [A]
ISBN 3-8319-0032-9

Kein Mensch kann Sinn für einen anderen finden. Jeder findet ihn nur für sich selbst. Der Autor gibt in diesem Band gut verständliche Anleitungen zur Sinnfindung für das eigene Leben.

€ 7,50 [D]/sFr 13,90/€ 7,80 [A]
ISBN 3-8319-0033-7

Sich selbst bejahen, das bedeutet: trotz mancher Mängel oder Schwächen mit sich einverstanden sein, sich annehmen können.
Der bekannte Logotherapeut Uwe Böschemeyer gibt Denkanstöße, wie ein gutes, selbstbejahendes Leben möglich ist.

€ 7,50 [D]/sFr 13,90/€ 7,80 [A]
ISBN 3-8319-0035-3

Das Jahrbuch „Das Leben meint mich“ ist eine starke Herausforderung, Leben zu bejahen. Es ist mit Herz und Verstand in einer einfachen und emotionalen Sprache geschrieben. Der Autor bleibt jedoch nicht in Betrachtungen stehen, sondern beschreibt so konkret wie möglich, welche Wege zu Sinn und Glück möglich sind.

€ 12,90 [D]/sFr 23,70/€ 13,30 [A]
ISBN 3-8319-0016-7

Dr. Uwe Böschemeyer, Jahrgang 1939, Europäisches Zertifikat für Psychotherapie, Schüler Viktor E. Frankls, von Frankl zur Lehre und Praxis der Logotherapie autorisiert, Autor zahlreicher Bücher und anderer Veröffentlichungen, Gründer und Leiter des „Hamburger Instituts für Existenzanalyse und Logotherapie". Schwerpunkte seiner Arbeit sind neben der „existenzanalytischen Logotherapie" die von ihm begründete „Wertorientierte Persönlichkeitsbildung" sowie die von ihm entwickelte „Wertorientierte Imagination".

Anschrift des Autors:
Dr. Uwe Böschemeyer
Hamburger Institut für Existenzanalyse und Logotherapie
Barckhausenstraße 20
21335 Lüneburg
Telefon: 04131/403844
Telefax: 04131/403845
e-mail: sekretariat@boeschemeyer.de
www.logotherapie-hamburg.de

INFORMATIONEN über die Veranstaltungen des „Hamburger Instituts für Existenzanalyse und Logotherapie" und weitere Literatur von Uwe Böschemeyer sind im Sekretariat erhältlich.